# DE L'ARTICLE

# 64 DE LA CHARTE,

## ET

## OBSERVATIONS

### SUR

# L'ILE BOURBON,

I.

# DE L'ARTICLE

# 64 DE LA CHARTE,

## ET

## OBSERVATIONS

### SUR

# L'île Bourbon.

**PAR M. SULLY BRUNET,**

Membre du conseil général et ancien conseiller à la Cour royale
de l'île Bourbon.

# PARIS,

### IMPRIMERIE DE SELLIGUE,

RUE DES JEUNEURS, n° 14.

—

## 1830.

# DE L'ARTICLE

# 64 DE LA CHARTE,

ET

## OBSERVATIONS

SUR

# L'ILE BOURBON.

La France libre reprend son rang au milieu des nations. La régénération des colonies doit suivre celle de la mère-patrie. Une expérience de 15 années a fait sentir à la France les inconvéniens et l'insuffisance de ses institutions. Il n'en a pas été de même des colonies : exclues de la représentation, elles sont restées ignorées des chambres. Là où leurs intérêts se règlent, où leurs droits se discutent, à 4,000 lieues, leurs besoins si variés, si différens de ceux de la métropole, n'ont pas un seul organe. Cela serait sans inconvénient, si des intentions louables, grandes, généreuses pouvaient garantir de l'erreur ; mais comment éviter l'erreur quand on juge de si loin? et comment ne pas la craindre, quand elle peut avoir pour résultats la stabilité des colonies ou leur ruine, et peut-être même leur anéantissement?

Ami des doctrines libérales, le colon en a favorisé chez lui les progrès ; et ces contrées éloignées, qu'on représente comme ennemies de toutes améliorations, sont éclairées et jalouses de marcher avec le siècle : elles savent allier les lois de l'humanité avec les nécessités où elles se trouvent placées par la nature de leurs droits.

Il n'entre pas dans mon plan de signaler l'importance des colonies pour la France, ni de prouver que l'honneur national exige leur conservation, et même celle de leur prospérité, d'où dépendent d'ailleurs l'existence de notre marine, d'immenses avantages commerciaux, et peut-être la chûte de ce colosse qui promène en maître ses innombrables vaisseaux : mon but est plus spécial, je ne veux qu'examiner notre état sous l'empire de l'art. 64 de la Charte, faire connaître nos institutions, indiquer nos besoins, et les moyens de les satisfaire.

« Les Français sont égaux devant la loi ( article » 1er de la Charte ) leurs propriétés sont inviola-

» bles ( art. 9 ). Les colonies seront régies par des
» lois particulières ( art. 64 ). » Les créoles et les
colons sont Français, et comme tels ils jouissent
de l'étendue des droits publics des Français.

La Charte n'a fait que renouveler la déclaration
de l'Assemblée Nationale en ces termes : « Consi-
» dérant les colonies comme une partie de l'em-
» pire français, et désirant les faire jouir des fruits
» de l'heureuse régénération qui s'est opérée, elle
» n'a cependant jamais entendu les comprendre
» dans la constitution qu'elle a décrétée pour le
» royaume et les assujétir à des lois qui pourraient
» être incompatibles avec leurs convenances lo-
» cales et particulières. »

En vertu de l'art. 73 de la Charte de Louis XVIII,
soumettant les colonies au régime des lois et réglemens, elles ont été régies à l'intérieur pendant
quinze ans, soit par des ordonnances royales, soit
par celles des gouverneurs, soit même par des
instructions ministérielles. Il est résulté de l'é-
trange abus qu'on a fait de cette disposition l'instabilité dans les entreprises, l'incertitude dans les
opérations, et le mépris des droits. Quelques réclamations portées aux chambres y ont été étouf-
fées par l'ordre du jour.

Au moyen de cette interprétation , d'après laquelle le pouvoir législatif réglait les relations extérieures seulement , les colonies, pour l'intérieur, n'avaient rien à espérer ni à craindre de l'autorité des chambres ; de là l'inutilité d'une représentation.

La chambre des Députés , voulant faire cesser l'instabilité dans laquelle les colonies étaient depuis quinze ans, a déclaré qu'elles étaient affranchies du régime des réglemens. C'est un bienfait sans doute; mais pour que ce bienfait soit efficace, il convient que la transition s'opère avec réserve.

La rédaction de l'art. 64 me semble le résultat de la précipitation , car il eût été juste, en déclarant les colonies soumises *à des lois particulieres*, ce qui implique la conviction *de la nécessité* de ces lois *particulières*, de déterminer sur-le-champ le mode de garantie dans la formation de ces lois, garantie qui ne saurait exister tant que la législature métropolitaine prononcera définitivement sur le régime colonial, sans nous entendre , et sans nous accorder un pouvoir contre les excès dont plus tard les colonies pourraient être menacées, comme elles l'ont été par le décret du 16 pluviôse an II.

Les débats des 7 août et suivans, semblent prouver que la chambre veut qu'on organise sur-le-champ les colonies.

A-t-on le droit d'en agir ainsi? je ne le pense pas : les pouvoirs réunis ont pu faire une déclaration de principes pour tous les Français; ils ont agi dans le domaine de leurs attributions, en proclamant qu'à l'avenir les colonies ne seraient soumises *qu'à des lois*. Mais la confection de ces lois comporte un mode particulier d'exécution dont on ne peut s'occuper sans y faire participer *légalement* les colonies. La France est régie par une représentation commune, parce que les intérêts sont les mêmes, les mœurs, les lois, le genre de propriété, tout se règle sans dangers par les mêmes principes.

Il ne peut en être de même des colonies : les représentans des départemens ne peuvent apprécier les besoins et les ressources de pays qu'ils ne connaissent pas, ou qu'ils ne peuvent connaître que très imparfaitement ; dont le régime et les nécessités sont soumis à l'influence d'un climat particulier, de saisons différentes. La Constituante, en adoptant ces principes le 28 mai 1790, a rendu un décret portant « Les assemblées coloniales » (créées le 8), occupées du travail de la constitu-

» tion, apercevront la distinction des fonctions
» législatives, exécutives , judiciaires, administra-
» tives. Elles examineront comment il convient de
» les organiser dans la constitution des colonies ,
» les formes suivant lesquelles les pouvoirs législatif
» et exécutif doivent y être exércés... en un mot ,
» tout ce qui peut entrer dans la composition du
» gouvernement propre à assurer le bonheur et la
» tranquillité des colonies, la nature de leurs inté-
» rêts, qui ne sauraient jamais se confondre avec
» ceux de la métropole. Les notions locales et parti-
» culières que *nécessite la proposition des lois* : enfin
» la distance des lieux, et le temps nécessaire pour
» les parcourir, établissent de grandes différences de
» situation entre elles et les provinces françaises ,
» et nécessitent par conséquent des différences
» dans leur constitution ; de ces différentes vues ,
» il résulte, quant au pouvoir législatif, que
» les lois destinées à régir intérieurement les co-
» lonies... peuvent et *doivent sans difficulté se*
» *préparer dans leur sein.* La nation française.....
» n'est point jalouse d'établir ou de conserver des
» moyens d'oppression... elle ne connaît point le
» langage et les détours d'une politique artifi-
» cieuse.»

L'Angleterre a si bien compris sa position , à
l'égard de ses principales colonies, qu'elle leur
a permis de se régir elles-mêmes.

Persister dans le désir d'assujétir le régime intérieur des colonies au pouvoir législatif métropolitain, constituerait, il me semble, un abus d'autorité et une violation de principes.

D'ailleurs, aujourd'hui, notre position se reproduisant comme en 1790, les principes lors avoués, que le temps n'a pu modifier parce que les élémens constitutifs sont les mêmes, doivent recevoir leur franche et loyale application, surtout sous l'empire d'un gouvernement prenant sa source dans la souveraineté du peuple et s'appuyant sur la bonne foi.

Pour exécuter l'art. 64, il convient que le pouvoir s'entoure des lumières jugées indispensables par l'assemblée nationale.

L'art. 1$^{er}$ du décret du 8 mars, porte : « Chaque colonie est autorisée à faire connaître son » vœu sur la constitution, la législation et l'administration qui conviennent à sa prospérité et au » bonheur de ses habitans, à la charge de se conformer aux principes généraux qui lient les colonies à la métropole et qui assurent la conservation de leurs intérêts respectifs. »

Art. 17 ( 28 mars ) : « Examinant les formes,

» suivant lesquelles le pouvoir législatif doit être
» exercé relativement aux colonies, elles recon-
» naîtront que les lois destinées à les régir, méditées
» et *préparées dans leur sein*, ne sauraient avoir
» une existence entière et définitive avant d'avoir
» été discutées par l'assemblée et sanctionnées par
» le roi; » art. 10 ( 28 mars 1792 ) : « Aussitôt que
» les colonies auront émis leur vœu, elles le fe-
» ront parvenir sans délai au corps législatif , elles
» nommeront aussitôt des représentans qui se
» réuniront à l'assemblée nationale. »

Pourquoi ne pas en agir en 1830, comme en
1790 et en 1792? qui doit nous prémunir contre
l'erreur? Sera-ce l'opinion de quelques hommes
qui, quoique bien intentionnés, n'ont pas existé
dans les colonies , ou les ont vues à une époque
reculée ? On ignore donc les modifications et
innovations survenues depuis quinze et même
cinq ans dans notre position! Ce qui était convenable en 1825, ne le serait pas aujourd'hui : le
genre de culture , l'industrie, les rapports commerciaux, les mœurs, l'état des populations , tout
depuis quinze ans a subi une révolution complète;
qu'on réfléchisse bien que notre existence coloniale tient à un fil qui pourrait se rompre par les
efforts même qu'on ferait pour le rendre plus du-
rable.

D'ailleurs quel inconvénient peut-on rencontrer dans la marche suivie par l'assemblée nationale ? Pourquoi ne pas surseoir quelques mois et ordonner sur-le-champ la formation des assemblées coloniales qui seraient tenues, dans un délai fixé, de faire connaître leur vœu sur l'organisation. En précipitant, on opère illégalement, et on s'expose à commettre des fautes irréparables. Si les colonies ont souffert quinze ans, qu'on ne veuille pas leur faire acheter trop cher le bonheur dont on veut les doter : 80,000 Français colons méritent qu'on délibère avant de prononcer la sentence qui doit décider de leur sort. Pourquoi d'ailleurs en nous imposant des améliorations nous signaler à la France et à la civilisation comme des hommes qui en sont ennemis, alors que notre loyauté veut ces améliorations ? De ce qui précède il me semble résulter l'obligation et la nécessité d'ordonner sur-le-champ la formation des assemblées coloniales d'après le système des 2 et 28 mars 1790.

Maintenant, comme il ne m'est pas donné de prévoir quel sera le parti auquel s'arrêtera le pouvoir, je vais indiquer les moyens secondaires qui nous offriraient un refuge dans le naufrage, c'est-à-dire, dans le cas où l'on ne croirait pas convenable d'accorder aux assemblées coloniales l'initiative dans l'organisation à laquelle on va procéder.

Il m'est impossible de voir dans l'art. 64 une attribution indéfinie que se seraient donnée les chambres, de nous maintenir toujours sous leur empire, pour rentrer dans les détails de notre administration intérieure ; mais comme je l'ai dit, la déclaration d'un principe dont la mise à exécution reste à déterminer.

Il s'agit donc uniquement de nous constituer. Ce sera une investigation complète : les organisations judiciaire, intérieure, et administrative, la révision de tout le corps des lois françaises, civiles, commerciales et criminelles, qu'il faut approprier aux localités. C'est un travail considérable qui ne saurait être soumis aux chambres qu'après avoir subi l'épreuve de débats longs et sérieux dans une commission. L'établissement de cette commission devient donc une mesure forcée. Il faut y appeler des colons pour y défendre leurs intérêts en face de députés et autres personnages graves qui recueilleraient alors la vérité, et viendraient au sein des chambres avec une conviction clairement acquise de l'état des choses apporter leur influence qui n'aurait rien de suspect.

Comme la seule sauve-garde pour les colonies réside dans cette ressource secondaire, il convient de ne pas en détruire l'efficacité par une exécu-

tion mal entendue. En effet, si une volonté parti-
culière préside à la formation de cette commission, et surtout au choix de ses membres, elle
demeure sans objet utile, et même peut devenir
nuisible. L'empire d'une opinion bien ou mal ac-
créditée, à laquelle des notabilités même ne ré-
sistent pas toujours ; l'étendue d'un travail qui
s'éloigne des graves questions qui s'agitent en ce
moment ; l'indifférence assez ordinaire pour les
intérêts éloignés ; le désir d'innover dans le régime
colonial, sont des considérations sous lesquelles
les colonies succomberaient peut-être ; aussi il
leur faut des mandataires qui, investis de leurs
pouvoirs, munis de leurs instructions, pleins de
zèle et de dévouement pour leurs concitoyens,
viendront éclairer la discussion, et non pas su-
bir la loi. Qu'on repousse l'intervention des colons
de la législature générale, qu'on condamne leur
minorité, qu'on ne veuille pas les voir à la tri-
bune concourir à régler les destinées des Français,
qu'on dédaigne les sages dispositions de la constituante ; je me soumettrais encore à ces rigueurs,
sans pourtant en reconnaître la justice ; mais lorsqu'on voudra s'occuper uniquement d'eux, ils ont
droit à être entendus.

Suivant le plan que je me suis tracé, je vais
indiquer la nature de nos institutions depuis 91,

et les changemens que je crois indispensable d'y apporter.

Bourbon pourrait n'être pas dans le cas de recevoir une organisation parfaitement identique avec celle qui convient aux Antilles. Cette colonie, isolée dans les mers des Indes, à 4000 lieues de toute protection européenne, et à 3000 des Etats de l'Amérique méridionale, ne saurait rêver ni à son indépendance, ni à son adjonction à une puissance voisine ; dans une situation hostile à l'égard des contrés qui l'enveloppent ( Madagascar l'Afrique et l'Inde ), cette île devra pour sa propre sûreté s'appuyer sur une puissance européenne, qui puisse la faire respecter , *il faut, qu'unie et identifiée avec la France, elle trouve dans la disposition de ses formes, la garantie des biens qui lui seront acquis par une bonne constitution, par de bonnes lois intérieures.* Un secours prompt ne peut y parvenir. Des mesures locales, un pouvoir laissé aux habitans, peuvent devenir utiles pour sauver le pays. Aussi, plus les institutions pour Bourbon seront larges, bienveillantes et de confiance, plus ses habitans resserront leurs liens avec la mère-patrie.

Les Antilles, au milieu de puissances fortes, de pays indépendans, à vingt-cinq jours de France, peuvent provoquer des dispositions particulières.

Je ne fais point le procès à ces colonies, j'établis des distinctions qui naissent de la différence de position.

Dans les diverses campagnes navales faites aux Indes Orientales, Bourbon, et l'île de France sa sœur servaient d'appui à notre marine; elle s'y recrutait, et en retirait d'immenses ressources: et ces deux points, par leurs positions géographiques, et les efforts patriotiques des populations, ont menacé et même compromis la puissance anglaise. Si le ministère d'alors, moins ennemi des colonies, avait voulu seconder les amiraux Duperré, Hamelin, et Bouvet, nous dominerions aujourd'hui dans les possessions à l'est du cap de Bonne-Espérance.

Un jour viendra peut-être où Bourbon sera appelée à servir de nouveaux triomphes.

Cette île a subi toutes les phases de la révolution; elle a eu ses assemblées, ses consuls, ses chaumières. Depuis 1790, jusqu'en 1801, le pouvoir est resté dans les mains d'une assemblée coloniale imprimant au gouverneur sa direction.

A l'époque où la France, pour secouer le joug des priviléges s'est vue plongée dans tous les excès, elle a paru, par le décret du 16 pluviôse an II, vouloir associer les colonies à ses calamités : Saint-Domingue a disparue des possessions françaises, et, après trente-six ans, les misères de cette grande catastrophe se font encore sentir en France (1).

Bourbon a repoussé l'arrêt de mort; elle s'est constituée; et pendant dix ans qu'elle a été délaissée de la France, sacrifiée par elle, elle a montré ce que pouvaient le patriotisme, et une connaissance parfaite de sa situation. L'assemblée coloniale, loin de vouloir affranchir la colonie de la métropole, en a fait respecter le pavillon, et de plus, elle a adopté sans difficulté le décret du 28 mars 1792, que les autres colonies repoussèrent, décret assimilant les hommes de couleur à la population blanche.

En 1802 le capitaine-général de Caen vint prendre la haute administration des possessions françaises. Sa direction fut brillante et éclairée. Il fut investi du pouvoir souverain; il promulgua les Codes avec des dispositions supplémentaires dont les meilleurs esprits ont reconnu la sagesse. D'un

(1) Les États-Unis, ce berceau de la liberté moderne, n'ont pas eu leurs décrets du 16 pluviôse, pour les provinces du midi.

autre côté; il détruisit les assemblées coloniales, il institua les tribunaux à l'instar de ceux de France.

Bourbon prise par les Anglais, en 1810 (1), et rendue par le traité de Paris, demeura jusqu'en 1817 sous le bon plaisir d'un gouverneur militaire, et d'un intendant qui, non-seulement partageait l'autorité souveraine, mais était président du conseil supérieur chargé de rendre la justice ; et afin de faire disparaître toutes entraves dans l'exercice du pouvoir, le droit de représentation , anciennement accordé aux conseils supérieurs, leur fut retiré.

En 1817, on essaya d'un nouveau système, en réunissant les pouvoirs civils et militaires , dans la main d'un officier de marine, qualifié commandant administrateur.

Cette innovation n'avait d'autre mérite que l'unité du despotisme.

Quant à la justice , l'ordonnance de novembre 1816, la créa en assimilation à celle de la métropole pour la partie civile. Pour la partie crimi-

(1) Depuis près de deux siècles , que cette colonie a été fondée par la France, elle n'a été occupée par l'étranger qu'une seule fois, de juillet 1810 jusqu'en avril 1815.

nelle , nous fûmes replacés sous l'édit de 1670 ; c'est-à-dire dans tout ce qu'il y a de plus monstrueux (1).

Le justiciable trouva une sorte de refuge dans le système de l'organisation de la justice civile, et l'accueillit avec joie ; aussi cette institution ne tarda pas à être attaquée par le pouvoir, comme nous le verrons bientôt.

Bourbon languissait : en quatorze ans six gouverneurs, et la justice changeant huit fois de directeur ; chacun voulut créer, faire des ordonnances . Cette fièvre législative fut telle, qu'il existe plusieurs exemples où des réglemens ont été faits pour prescrire certaines pénalités prévues par des lois en vigueur. On conçoit en effet que les chefs de service n'avaient pas eu le temps de connaître une législation d'autant plus compliquée que les pouvoirs se sont multipliés. D'ailleurs, en arrivant de France, on semble dominé par le désir de faire

(1) Je vois souvent invoquer le Code Noir et les lettres patentes, en réclamer et même exiger l'exécution comme un bienfait pour les esclaves. On ne connaît point ces dispositions du XVII<sup>e</sup> siècle : qu'on sache donc qu'à Bourbon les habitans sont trop amis de l'humanité pour vouloir qu'on applique aux esclaves ces lois enfantées par la barbarie.

connaître sa capacité en dépit des besoins du pays. De plus, chaque haut fonctionnaire a ses amis, ses créatures à placer; il s'en fait suivre : cet ami est l'homme indispensable, un flambeau pour la colonie, une véritable acquisition ; ainsi on accable le pays, on commet des injustices, on perpétue les désordres; dans les tribunaux, des magistrats intègres et honorables, languissent dans les rangs inférieurs, parce qu'ils sont éloignés du ministère qui ne voit et ne sent que les réclamations qui le pressent (1). Enfin nous arrive l'ordonnance du 21 août 1825 : la justice était encore oubliée, malgré l'état fâcheux où on l'avait réduite.

Dans le rapport au roi qui précède l'ordonnance de 1825, le ministre s'exprime ainsi : « La pro-» gression générale des idées à laquelle les colons » ne sont pas restés étrangers, les lumières ré-» pandues parmi eux, leur position sociale, leur » donnent de justes droits à réclamer une partie » des avantages précieux que la France...., etc. » Jusque là, la population de Bourbon avait souffert ses disgrâces sans manifester aucune intention hostile.

L'ordonnance de 1825 établit : Un gouverneur dépositaire de l'autorité souveraine ; trois chefs

(1) Les mêmes inconvéniens viennent de se reproduire, un juge de Cayenne est envoyé conseiller-président à Bourbon.

d'administration, de la guerre et la marine, de l'intérieur, et de la justice, avec droit de représentation ;

Un conseil privé, composé du gouverneur, des trois chefs de service, et de deux conseillers coloniaux au choix du roi, chargés d'éclairer le gouverneur dans ses mesures ;

Un conseil général formé de douze membres choisis par le roi, sur quarante-huit désignés par les conseils de commune. Le choix fait sur les notes du gouverneur et du directeur de l'intérieur, et les membres des conseils des communes à la nomination du gouverneur ;

Ce conseil général n'ayant pouvoir que de donner son avis et de signaler les abus, il est purement consultatif. Ce conseil désigne six candidats sur lesquels le roi choisit un député et un suppléant près du ministre ;

Les conseillers coloniaux peuvent être à la fois membres du conseil général. Des pouvoirs extrordinaires sont accordés au gouverneur pour des cas particuliers, guerre, danger pour les colonies, etc.

Cette organisation enlevant à l'administration

locale le droit de modifier la législation et créant
la responsabilité du gouverneur, était un véritable bienfait, surtout après les onze années par
lesquelles nous venions de passer. On y rencontre
des pouvoirs modérés, quelques garanties pour
la colonie, un commencement de confiance accordé à ses habitans ; c'est en un mot une transition assez heureuse et sous l'empire de l'art. 73
de l'ancienne Charte, c'était une libérale institution, puisqu'il fallait se trouver heureux des
moindres concessions. Il en est résulté une prospérité agricole jusque-là inconnue à Bourbon. Le
conseil général a été écouté, et cette assemblée a
pris une sorte d'importance qu'elle n'a pas en réalité et qu'elle ne doit qu'à la direction des colonies. Toutefois l'organisation prise isolément et
sans égard aux administrateurs qui, dans la colonie en ont rendu l'exécution facile et bienveil-
lante, comporte un rouage trop compliqué, un
personnel formé sur une trop grande échelle, et
comme conséquences, des charges disproportion-
nées aux ressources communes du pays. Le bud-
jet de 1829 portait les dépenses à 1,750,000 fr.,
et lorsque la colonie s'administrait, 400,000 fr.
lui suffisaient.

Au fond, l'ordonnance de 1825 fait bien ressortir l'intention de conserver au ministère une

action réelle sur les moindres parties de l'administration.

Le ministre nous a placés dans une position inférieure à l'opinion qu'il avait manifestée de notre caractère. *Il a paru juste,* dit-il, *et sage d'appeler les colons eux-mêmes à examiner les points les plus essentiels de leur administration, à méditer leurs intérêts, à exposer leurs besoins, à indiquer les moyens qui leur paraissent propres à les satisfaire.*

Aujourd'hui, il faut dire qu'il serait juste, non pas de nous permettre d'indiquer les moyens propres à nous satisfaire, mais de nous autoriser à prendre ces moyens.

Sans revenir sur ce que j'ai dit plus haut, j'ajouterai : Si un gouvernement qui voulait tout centraliser, ennemi de l'organisation des localités, seul système vraiment rationnel, nous a jugés dignes d'examiner, de méditer et d'indiquer nos besoins dans la vue de les satisfaire ; ce qu'il a fait en protégeant l'agriculture coloniale ; sous un gouvernement dont la boussole est la justice, où est l'utilité, pour satisfaire à nos besoins, d'attendre les résultats d'une volonté éloignée d'un pouvoir qui ne peut être éclairé ?

Il serait donc juste que les chambres, en nous affranchissant de l'empire des règlemens, nous concédassent les droits législatifs pour le régime intérieur; droits que nous exercerions sous la sanction royale. Dans les vues larges de la constituante, cette concession eût été faite. Déjà elle avait proclamé que les lois destinées à régir les colonies *ponvaient et devaient, sans difficulté, se préparer dans leur sein*, et qu'elle ne voulait point conserver des moyens d'oppression; ce qui était clairement, non-seulement leur accorder l'initiative des innovations, mais même promettre leur affranchissement du régime de l'assemblée nationale.

Par cette concession d'attributions, notre tranquillité serait assurée, il est vrai, mais notre prospérité n'en serait pas moins subordonnée à la puissance des pouvoirs métropolitains, demeurés en possession de faire les lois du commerce étranger, et toutes celles qui règlent les rapports extérieurs des colonies avec la métropole. Ce droit, il faut le reconnaître, est la source de la prospérité ou de l'infortune des colonies, car ce sont les lois sur les rapports extérieurs qui fixent, élèvent ou détruisent les fortunes coloniales. On conçoit, en effet, que si les colonies, qui ont compté sur la foi des traités, et dont les habitans, par suite des lois qui ont frappé les denrées étrangères d'une surtaxe, détruit leurs moyens économiques d'approvisionnement, rompu leurs rapports avec l'Inde, prohibé les provenances étrangères, doublé la valeur de celles nationales, fondé, par cela même, un nouveau système d'économie politique ; que si, disons-nous, après avoir basé leurs opérations sur ce nouvel ordre de choses, les colonies se voyaient presque subitement assimilées aux possessions étrangères, un bouleversement général en serait la conséquence (1). Je n'ai parlé de cette question que pour faire sentir l'influence des lois de douanes sur le sort des colons ; car ils ne peuvent avoir à craindre d'injustes rigueurs ; et si de grands intérêts semblaient devoir exiger, plus tard, une modification du système actuel, nous demeurons certains qu'une longue suite d'années permettraient aux colons de réaliser en partie leurs

(1) Une brochure adressée aux membres du conseil privé du roi ( imprimerié de Cercelet ) prétend que la bonne foi de la métropole a été indignement trompée ; que la France a reçu des sucres des colonies étrangères introduits dans les possessions françaises et admis en France comme provenant de ces dernières. Quant à Bourbon, le fait est inexact, il doit l'être pour les autres îles, on va le concevoir : les colonies françaises fournissent 180,000,000 de livres environ de sucre, c'est-à-dire, au delà de la consommation. Elles sont intéressées à s'opposer à une fraude dont les résultats seraient une concurrence sur leurs places et sur celles de France, concurrence qu'elles repoussent de

entreprises. J'avais été tenté d'aborder cette question de liberté du commerce, dont les résultats inévitables seraient la fortune des colonies anglaises, la ruine des possessions françaises, et l'anéantissement de notre marine; mais j'ai senti que le moment n'est point arrivé.

La préférence donnée aux denrées françaises a singulièrement étendu les entreprises à Bourbon, et on peut s'en convaincre par ce rapprochement : En 1826, exportation en sucre, 10,591,382 ; en 1829, 31,011,998 ; en 1826, importation en riz, 6,078,000; en 1829, 33,699,803. On comptait pour 1830 sur 40 à 45,000,000 de sucre. Pour subvenir aux dépenses inséparables d'opérations aussi étendues, le commerce, se conformant aux dispositions du Code, avait établi une caisse d'escompte et de prêts (société anonyme). Les opérations de cet établissement se sont étendues à un point considérable. On attendait la sanction royale, qui devait lui imprimer une force et une régula-

tous leurs vœux, parce que leur ruine en serait la conséquence. Le sucre vendu 70 fr. le quintal en France, donne net au colon 30 fr., ce qui, sur 180,000,000 de livres, procure aux douanes et au commerce de France un revenu de 72,000,000 fr. ; occupe 500 navires et 13,000 marins. Ces navires en outre approvisionnent les colonies des produits du sol et de l'industrie de la France.

rité qui lui manquaient, lorsqu'au lieu de cette approbation, la colonnie reçoit une ordonnance du 14 mai 1826 portant création d'une nouvelle caisse. Cette institution, fondée en violation du Code de commerce, comportant toutes dispositions réglementaires, ne pouvait recevoir aucune modification, et devait être acceptée intégralement. Sous l'apparence d'un établissement facultatif, c'était en réalité une mesure forcée, et dont la violence se retrouve dans les art. 115 et 117, portant l'injonction au gouverneur de publier l'ordonnance dans les trois jours, et révocation de la caisse provisoire dans les 24 heures ; aussi l'adoption en devint indispensable. Cette institution, très sagement combinée pour la sûreté des actionnaires, n'a pas de même ménagé les intérêts de la colonie. Ayant d'abord pu puiser dans le trésor colonial, pouvant émettre des bons pour une valeur égale à celle du numéraire, escomptant seulement à 3 mois, à raison de 12 pour 100 par an, cette caisse réalise une répartition nette de 27 pour 100 par an.

L'habitant et le commerçant engagés dans la première caisse, et forcés de continuer leurs crédits dans celle de 1826, se sont vus obligés de multiplier leurs opérations d'escompte, en raison du court délai de trois mois, substitué à celui de quatre et cinq précédemment accordé. Ce délai de trois mois est incompatible non seulement avec les revenus des habitans, mais encore avec les opérations commerciales, qui toutes se font à des termes plus longs.

Le taux de l'escompte qui d'abord a pu être toléré, n'est plus désormais en harmonie avec aucune espèce de bénéfice ; les entraves dans le commerce ; la baisse du sucre, de 40 fr. tombé à 30 fr. le quintal, depuis février 1830 ; les ouragans qui ont désolé le pays ; les faillites multipliées qui en ont été la conséquence ; toutes ces considérations doivent provoquer des mesures de salut (1).

La caisse me semble pêcher sur deux points capitaux : taux trop élevé de l'escompte ; délai trop court dans les négociations.

L'ordonnance de 1826 a besoin d'être remaniée. Je n'entends pas provoquer la violation des

(1) Le roi désire accorder un secours de 60,000,000 fr. au commerce ; espérons que le ministre de la marine fera participer les colonies à cet avantage. Les feuilles publiques et les correspondances n'ont que trop fait connaître les malheurs accumulés sur l'île Bourbon cette année. Le roi ne distingue point entre les Français, tous ont les mêmes droits à sa sollicitude, comme à la justice des chambres.

droits, le sacrifice des intérêts des actionnaires ; mais je dis que, lorsqu'une institution quelconque n'est plus en concordance avec les besoins, il faut s'empresser de rechercher le mal et d'y apporter remède, parce que le salut général importe avant tout ; le mal est ici dans l'imposition violente de la caisse, le remède sera dans sa révision. Ce n'est pas en France qu'il faut opérer ; mais il convient de consulter la colonie, et surtout le commerce, dont l'opinion, toujours dédaignée, est indispensable sur une opération qui touche si essentiellement à son existence.

Nous sommes conduits à dire un mot sur l'état du commerce, cette partie si essentielle de la prospérité coloniale. Sur une place où il y a un mouvement égal à celui d'une grande ville maritime de France, le commerce n'a pu parvenir à se faire représenter. Il a sollicité l'établissement d'une chambre, vœu appuyé par l'autorité locale, et repoussé par le ministère, qui seulement a autorisé l'établissement d'un bureau ; les négocians, froissés dans un refus qui lésait leur intérêts, ont rejeté cette création inutile. Le commerce souffre, et est sans cesse menacé par les erreurs, contre lesquelles il ne saurait réclamer. Il ne peut faire connaître ses besoins, à défaut d'un organe qu'il ne trouvera que dans la création d'une chambre de commerce ; institution n'entraînant aucune charge pour le gouvernement, et salutaire même aux places de la métropole, qui seront éclairées *légalement* sur ce qui peut convenir aux rapports communs.

Je crois devoir rappeler l'attention sur l'organisation de la milice. Cette force nationale, garantie de notre tranquillité intérieure, et, au besoin, constituant une force militaire destinée à repousser les attaques extérieures, a été entièrement négligée, et même abandonnée de la métropole. Les différens gouverneurs ont fait quelques efforts pour empêcher la destruction et cette institution dont ils appréciaient le besoin ; mais le dénuement presque complet d'armes nécessaires faisait succéder le découragement au zèle imprimé à plusieurs reprises : à peine compte-t-on le quart de la milice armé. Il y a quatre ans, sur la provocation ministérielle, des projets d'organisation partis de la colonie sont restés ensevelis dans les cartons. Les habitans du chef-lieu surtout sont, depuis un an, obligés à un service pénible, par suite de l'envoi de toutes les troupes pour cette fâcheuse expédition de Madagascar ; il est donc urgent de ne plus négliger cette branche de notre régime intérieur.

J'arrive à la partie judiciaire.

L'abandon où on avait laissé la colonie depuis 1817, avait plus que paralysé l'effet salutaire d'abord produit par l'établissement de tribunaux à l'instar de ceux de France. Il semble qu'on ait voulu appeler la déconsidération sur la magistrature : des membres de tribunaux nommés à Bourbon, restés dix ans dans le provisoire ; des divisions alimentées par la non-intervention de l'autorité métropolitaine ; des retraites forcées par les dégoûts ; le choix des gouverneurs devenu obligé sur des sujets étrangers à la judicature ; la nécessité permanente de compléter la cour par des officiers du barreau ; des causes restées des années entières sans être vidées, par l'exiguité ou la composition bâtarde du personnel ; en un mot, il est impossible de concevoir plus d'élémens de désorganisation. Néanmoins la justice a été rendue avec impartialité.

C'est après douze ans de si cruelles épreuves, qu'en juillet 1828, l'on mit à exécution l'ordonnance du 30 septembre 1827. Il est à remarquer que les changemens notables qu'on y rencontre, ne se trouvent pas expliqués par un rapport au roi, ainsi qu'on en avait usé pour l'organisation administrative de 1825.

Cette ordonnance de 1827 a pour principales bases : un fonctionnaire chef de la justice, procureur-général, officier d'administration, législateur, censeur des écrits en matière judiciaire, etc.

Une cour sans président, un conseiller devant occuper ce premier rang pour trois ans seulement et successivement au choix du souverain.

Une distinction établie entre les métropolitains et les colons. La prohibition de mariage, et de possessions immobiliaires, prononcée contre les premiers. Une différence dans les traitemens (1).

Un tribunal de première instance composé d'un juge royal, un lieutenant, et deux auditeurs, et rendant *la justice par un seul juge*. Sa juridiction en dernier ressort dans toutes les matières déterminées par le Code de procédure.

La cour royale retirée du chef-lieu.

La magistrature révocable.

Deux cours d'assises, l'une à Saint-Paul, l'autre

(1) Une ordonnance, rendue il y a plusieurs mois, a apporté quelques changemens sur ces distinctions établies entre le colon et le métropolitain.

à Saint-Denis, avec un collége d'assesseurs. Chaque cour composée de trois conseillers et de quatre assesseurs.

Une chambre d'accusation de trois membres.

Le personnel de la cour réduit à huit, dont cinq conseillers et trois auditeurs.

Le nombre des avoués fixé à douze, avec division pour la cour et pour le tribunal. Les avoués à la nomination du ministre.

L'autorisation à deux avocats *seulement* de plaider, sous l'obligation *de demander chaque année une permission au gouverneur.*

La suppression de la chambre des avoués.

Une cour prévôtale pour le cas d'état de siége déclaré, ou de crainte sur la sûreté intérieure.

Telles sont les principaux élémens de l'organisation judiciaire de 1827, qu'on a fait suivre de dix magistrats étrangers à nos institutions, ce qui a valu l'exclusion de dix-huit magistrats colons, dont huit inamovibles.

L'on connaît le mécontentement que ce nouvel ordre de choses a produit à Bourbon, non parce qu'il renversait des droits acquis, détruisait des espérances, mais parce qu'il enlevait de précieuses garanties à la colonie. Néanmoins on a vu cette cour, dont on payait les services par une expulsion non méritée, se faire un devoir de procéder avec exactitude à l'enregistrement de leur condamnation. Les magistrats qui la composaient, ont ainsi prouvé leur respect pour la volonté royale et leur civisme. Ils auraient pu entraver la marche du gouvernement, mais, amis de leur pays, ils ont montré que la colonie méritait d'être mieux traitée dans ses magistrats.

Passant à l'examen succinct de l'ordonnance de 1827, nous en indiquerons les principaux vices.

Il est contre toute règle d'établir la prééminence de la magistrature dans un officier du ministère public; aussi, pour soutenir cette innovation, il a fallu créer une cour sans président. Les attributions, d'ailleurs, conférées à ce haut fonctionnaire sont incompatibles entre elles: requérir, faire exécuter et soutenir la loi qu'il aura faite comme législateur, conclure sur l'appréciation d'un écrit qu'il aura déjà censuré ou approuvé comme administrateur; voir la cour dédaigner sa censure en autorisant la plaidoierie sur les moyens et les faits supprimés. Comme procureur-général, provoquer les pénalités contre les membres de l'ordre judiciaire; comme administrateur assister au conseil privé et infliger la peine. Telles sont les singulières situations où l'ordonnance a placé le chef de la justice.

L'exclusion prononcée contre les colons pour certaines places; la limitation de leur nombre fixé en minorité dans la cour, sont des dispositions injurieuses pour les colons qui n'ont jamais, par leur conduite, provoqué cette mesure inique et humiliante ; d'ailleurs pourquoi blesser sans nécessité en déterminant certaines prohibitions, alors que le souverain peut les introduire par le choix qu'il peut faire porter sur le sujet le plus digne de sa confiance? Il était donc de toute injustice d'établir des catégories en détruisant l'égalité des droits de tous les Français (1).

Pour ce qui concerne la prohibition du mariage, contraire aux bonnes mœurs; celle d'acquérir des propriétés, contraire à l'indépendance; et la dis-

_______________

(1) A Alger on a cru juste et raisonnable de choisir les juges dans la population ; et dans un pays français , on a imposé aux habitans des juges venus de 4,000 lieues , mais payés par la colonie.

tinction dans les traitemens entre les colons et les métropolitains ; je n'entreprendrai pas de faire ressortir les inconvéniens de ces dispositions, parce que rien ne saurait les légitimer. Un juge métro-politain devient un soldat en garnison qu'on semble avoir voulu isoler de la société, et repousser de la considération publique.

L'exclusion de certaines places présente ce résultat fàcheux, de se voir forcé d'écarter des hommes probes et éclairés, enfans de la colonie, pour prendre en France ceux qui voudront bien s'offrir, et qui dès-lors peuvent ne présenter aucune garantie à la société ; des hommes qui, n'ayant aucune connaissance des localités, étrangers au pays, à ses usages, à ses habitans, ne pouvant pénétrer les moyens de fraude et de déguisement des contrats, ne sauraient apporter qu'une influence pernicieuse ; des hommes enfin, héritiers des vices d'un pays dont ils ne peuvent partager les biens ni les possessions légitimes. En abordant les colonies, le magistrat devint officier sans troupe ( c'est ainsi qu'il est classé au ministère ) ; aussi quel est le juge, ou l'avocat, jouissant en France, d'une existence honnête, de l'estime de ses concitoyens, qui voudra se décider à quitter ces avantages pour l'instabilité de la magistrature coloniale? L'espoir d'une récompense peut bien séduire de jeunes magistrats ; et les porter à courir des hasards , mais alors la nécessité pour les colonies de recevoir dans son sein des apprentis pour faire un stage aux dépens de leur repos et de leurs fortunes.

Il ne faut pas vouloir faire à un pays plus de bien qu'il n'en désire : Bourbon n'a pas réclamé contre ses enfans.

Il convient d'assimiler la magistrature coloniale à celle de la France, en lui rendant son inamovibilité , et autorisant le magistrat après un certain temps de fonctions, à revendiquer l'appui du garde-des-sceaux, sous le ministère duquel il serait rangé pour être placé dans les tribunaux de la métropole.

L'établissement d'un tribunal qui, quoique composé de quatre juges, rend la justice par l'un d'eux seulement, est de nos jours une véritable monstruosité, et enlève à la colonie les garanties dont elle était en possession depuis 13 ans. La raison condamne un système qui repose sur l'infaillibilité d'un homme; et l'économie ne le justifie pas, puisque ce nouveau genre de tribunal compte à la colonie 21,000 fr. de plus que l'ancien formé de trois juges et trois suppléans.

La prohibition prononcée contre l'exercice de la profession d'avocat, et l'autorisation à deux seulement de postuler, avec l'obligation toutefois de se munir chaque année d'un permis du gouverneur, démontre la volonté de détruire la liberté de la défense, d'enlever aux justiciables la garantie la plus précieuse contre les abus du pouvoir, et un esprit d'humiliation pour un ordre qui chaque jour acquiert de nouveaux droits à l'estime nationale. D'un autre côté, on a enlevé à des avocats des droits acquis par de longues fonctions, toujours pénibles aux colonies. D'autres avocats nouvellement entrés dans la carrière, ont perdu leurs espérances. Des familles n'ont plus senti la nécessité d'envoyer leurs fils en France pour y étudier les lois. La magistrature a perdu la ressource de se recruter parmi des jurisconsultes, qu'une longue pratique rend utiles aux tribunaux. Une profession libérale a été abandonnée en monopole à deux avocats et douze avoués révocables.

Où donc sont les inconvéniens du libre exercice de cette profession? La colonie s'est-elle jamais élevée contre cette liberté depuis vingt-cinq ans qu'elle en jouit? Loin de là, car elle a souvent trouvé un refuge contre l'arbitraire dans le zèle et le dévouement des avocats.

Après avoir effleuré la critique à laquelle on peut justement soumettre l'organisation de la justice civile, il convient de dire que, quant à la partie criminelle, l'ordonnance de 1827 a été bienfaisante : elle nous a ôtés de l'empire de l'édit de 1670 pour nous donner un jury approprié à l'état politique du pays. Dans ce nouveau mode, la colonie rencontre quelques garanties positives ; ce n'est pas à dire cependant que ce système soit parfait : la conception en est bonne, mais on y aperçoit toujours le doigt ministériel, et ce même esprit de défiance contre les habitans. Le gouvernement s'est réservé le droit de renvoi d'une cour à l'autre ; de changer l'époque et le siége des assises ; ses employés, faiblement rétribués, sont appelés au siége ; la formation de la liste des assesseurs appartient à l'autorité ; il y a donc plusieurs inconvéniens à faire disparaître.

La translation de la cour à Saint-Paul a grevé le trésor, entravé la marche de la justice, et occasionné des déplacemens nuisibles aux affaires et à l'agriculture.

Nous sommes naturellement conduits à proposer une innovation justifiée par les localités et les besoins. Bourbon, divisée en deux parties égales en étendue et en population, se communiquant

difficilement, et ayant chacune une ville princi-
pale, exige l'établissement de deux tribunaux de
première instance, l'un à Saint-Denis, chef-lieu
de la partie dite du Vent, et l'autre à Saint-Paul,
chef-lieu de la partie sous le Vent. Cette juridiction, premier besoin de la société, porterait une
protection et une inspection efficaces dans toute
l'île ; et il résulterait aussi de ce nouveau système
une diminution dans les frais de justice, et une
accélération dans sa marche. Chaque juridiction
s'étendrait sur une population d'environ 55,000
individus.

Le déplacement occasionné par le ressort trop
étendu ne peut convenir à des hommes incessam-
ment occupés d'une culture pénible, du commerce de leurs produits, et d'une surveillance de
tous les instans sur de grands ateliers. Aux colonies particulièrement il faut une justice prompte
et rapprochée. Il faut aussi, dans l'intérêt des clas-
ses ouvrières et des esclaves, que le ministère public n'ait pas trente lieues à franchir à travers des
contrées difficiles, et qu'il puisse, au moyen d'une
prompte investigation, ne point laisser échapper
les traces des délits.

Au moyen de la création de ce second tribunal,
la cour, dont on pourrait singulièrement limiter

le personnel, trouverait deux membres pour les assises dans chaque tribunal, et n'aurait qu'un conseiller à déléguer pour les présider; ce qui n'entraverait pas le cours de la justice civile, comme cela doit arriver avec le personnel de l'ordonnance de 1827.

En présentant ces réflexions générales, je n'ai voulu donner qu'un aperçu de notre position, éclairer l'opinion sur l'ensemble du travail destiné aux colonies, provoquer certaines mesures d'urgence et de justice, et faire sentir que les colons ont droit, comme tous les Français, de jouir des bienfaits consacrés par la Charte.

L'organisation définitive devra s'appuyer des bases suivantes :

Une assemblée coloniale élective ayant le droit exclusif de déterminer son administration intérieure, et l'initiative des lois qui toucheraient aux rapports extérieurs, et pourraient changer ou modifier les relations entre les colonies et la métropole.

Un gouverneur militaire, dépositaire de l'autorité royale. Ce haut fonctionnaire responsable, et sa responsabilité sous la juridiction de la chambre des pairs.

Trois chefs de service, à l'intérieur, à la justice, à la guerre et la marine.

Une cour royale placée au chef-lieu, se composant d'un président, et sept conseillers.

Un avocat général, chef du parquet et un substitut.

Un tribunal de première instance à Saint-Denis ( chef-lieu ), composé d'un président, deux juges, et trois suppléans, un procureur du roi et un substitut.

Un tribunal de première instance à Saint-Paul, même composition que ci-dessus.

Les tribunaux de première instance, ayant la juridiction commerciale.

La cour ayant attribution d'annulation de jugemens en dernier ressort des justices de paix, pour incompétence, excès de pouvoirs, ou contravention à la loi, afin de remédier à l'impossibilité du pourvoi en cassation.

Des justices de paix dans tous les cantons de l'île.

Deux cours d'assises, l'une à Saint-Denis, l'autre

à Saint-Paul, présidées par un conseiller, avec attributions aux juges d'instance d'y siéger : les
conditions d'admission dans les tribunaux, les
mêmes qu'en France;

Aucune classification entre les métropolitains et
les colons, tous également aptes à occuper toutes
places.

L'inamovibilité rendue à la magistrature coloniale ; son assimilation à celle de la métropole ; et
les mêmes droits aux pensions et récompenses.

La prohibition formelle de l'admission de deux
parens ou alliés, jusqu'au dégré de cousin ger-
main inclusivement, dans le même tribunal.

Les recours en cassation pour les matières civiles
et commerciales.

Le libre exercice de la profession d'avocat.

Le droit réservé au souverain, de nommer à
toutes les fonctions publiques, à l'exception du
chef de service pour l'administration intérieure
dont le choix serait laissé à l'assemblée coloniale.

Le droit au gouverneur de nommer définitivement les agens de l'administration de la justice et
de l'intérieur, sur la présentation des chefs de ces

parties du service général ; de nommer aussi provisoirement à toutes les fonctions dont la nomination est réservée au roi, le choix provisoire devenant définitif après un an sans manifestation de la volonté du roi.

La milice organisée d'après la loi du 14 octobre 1791.

Les dépenses de protection à la charge de la métropole (1).

La création d'une chambre de commerce au chef-lieu.

Les conditions que je viens d'indiquer pour l'organisation générale me semblent concilier le respect dû au Roi, les intérêts de la métropole, la position de la colonie, et son grand éloignement.

La population de Bourbon mérite des égards et

(1) J'entends chaque jour répéter que les colonies coûtent beaucoup à la France. Quant à Bourbon, cette île, depuis nombre d'années, se suffit à elle-même et se suffira toujours si les habitans reçoivent le pouvoir de s'administrer, de voter l'impôt et son emploi. Bourbon, seul point militaire dans les Indes-Orientales, d'où le traité de Paris nous a presque exclus, exige une réunion de forces protectrices qui ne pourraient pas plus être à la charge de la colonie, que les garnisons de Lille, Strasbourg ne sont à la charge de ces villes.

quelque bienveillance; souvent calomniée, jamais défendue; en butte aux plus injustes attaques, elle est cependant laborieuse, éclairée, et essentiellement française. Rien, chez le propriétaire, en France, n'est à comparer à l'activité que déploie le créole, et qu'il paie trop souvent de sa vie; aux peines qu'il se donne pour diriger ses opérations, et établir dans ses ateliers un esprit d'ordre et de protection; car diriger l'homme libre ne saurait faire naître le mal inséparable de la direction d'esclaves qu'on veut ménager, auxquels on désire inspirer de la confiance et de l'attachement. Je ne crains pas de dire que, si les hommes qui, en France, tiennent les rênes des affaires et dirigent l'opinion des masses, pouvaient se reposer quelque temps au milieu de nos habitations, examiner la sollicitude des propriétaires pour la population esclave, les égards et la bienveillance pour celle des hommes de couleur, ils plaindraient les créoles de la nécessité où la force des choses les a placés, ne les accuseraient pas d'inhumanité ni d'injustice, et, au contraire, les loueraient souvent des efforts qu'ils ont dû faire pour arriver, à travers tant d'obstacles, à l'état d'amélioration où sont aujourd'hui la colonie et ses populations.

Rien ne peint mieux la conduite loyale des habitans de l'île Bourbon que l'état de sécurité où ils vivent, sans armes, sans troupe, au milieu de cette population soumise. Dix années se sont écoulées sans qu'une seule sentence portant peine de mort ou galères perpétuelles ait été prononcée contre un esclave, et, par opposition, quelques condamnations à la réclusion rendues contre des propriétaires ayant abusé de leur autorité, non pas en donnant la mort à son esclave, crime puni de la peine capitale, mais pour des corrections qui ont entraîné une cessation d'ouvrage pendant plusieurs jours. Les crimes commis par le blanc, l'homme de couleur ou l'esclave, sont sur la même ligne, et frappés par la même loi, à l'exception du vol qualifié, qui n'est puni chez l'esclave que par les voies correctionnelles. Les abus d'autorité sont d'ailleurs si rares, que le maître qui s'en rend coupable est signalé au mépris, repoussé de la société, toujours poursuivi, et condamné au tribunal de l'opinion publique avant que la loi ait prononcé (1).

_____________

(1) On sera peut-être étonné d'apprendre qu'un blanc qui frappe un esclave est traduit par le maître de ce dernier au tribunal correctionnel et que le même article du Code pénal qui serait appliqué au blanc pour voies de fait contre un blanc, lui est appliqué pour voies de fait contre un esclave : que peut-on vouloir de mieux !

D'un autre côté, l'esclave, entouré de soins et d'égards particuliers dans sa vieillesse, ses infirmités et ses maladies, trouve dans son maître un protecteur contre l'agression étrangère, un travail modéré, de bons alimens, des vêtemens convenables, une case, asile inviolable même aux yeux du maître; les jours de travail (dimanches et fêtes respectés), douze heures sont exigées du cultivateur et dix de l'ouvrier. Tel est l'ensemble de la conduite du maître envers son esclave. Je ne crains pas d'être démenti dans mes assertions, qui toutes sont le produit d'une longue expérience. Cinq ou six cents officiers de marine et spéculateurs visitent chaque année Bourbon, en rentrant en France y apportent-ils des impressions fâcheuses de la conduite du colon, ou, au contraire, une opinion toujours favorable de ses mœurs et de son administration?

La loi de répression de la traite, comme toute loi prohibitive d'un système suivi depuis des siècles et autorisé par le gouvernement, prohibition qui vient renverser des espérances, détruire des fortunes, changer la face de l'industrie, a d'abord eu besoin d'une répression vigilante; mais insensiblement la morale et la philantropie ont triomphé. Aujourd'hui ce trafic, jugé infâme par les colons eux-mêmes, ne rencontre plus d'auteurs ni complices parmi eux; et, si quelques barques de traite ont abordé la colonie il y a peu d'années, ces entreprises ont été tentées par quelques misérables vomis sur nos côtes.

Nous avons été assez heureux pour lier des rapports avec l'Inde, d'où nous tirons des cultivateurs et ouvriers qui forment des engagemens pour plusieurs années. Dans les deux derniers mois de 1829, 1,200 Indiens ont été introduits. Environ 3,000 sont demandés pour 1830. Au moyen de cet avantage, nos ateliers se complètent; et telle est la douceur avec laquelle l'esclave est traité, que, loin par ce dernier de recevoir du contact de l'Indien libre des impressions hostiles contre les blancs, l'Indien lui-même dédaigne les conditions de son engagement pour partager sans aucune distinction le travail, les alimens, et toutes les habitudes de l'esclave.

Je ne puis terminer sans dire un mot des hommes de couleur : ils sont dignes de sollicitude. Le conseil général, en janvier 1830, a pris l'initiative à cet égard, en sollicitant du ministère une amélioration dans leurs droits ; cela sous un ministère qui ne voulait point de concessions pour la France. Déjà, en 1791, l'assemblée coloniale avait tout concédé, et la France a trouvé la colonie trop libérale. Aussi depuis quinze ans, et même antérieu-

rement, pas une plainte n'a été portée, pas une ré-
clamation n'a été faite, soit à la métropole, soit
aux gouverneurs.

Bourbon a fait de grands pas vers le bien : aujourd'hui l'opinion dans la colonie considère l'esclavage comme une fâcheuse nécessité, à laquelle
le temps, l'influence de la civilisation et les affran-
chissemens remédieront. Je dis nécessité, parce
que les fortunes et les existences y sont attachées :
En effet, lorsque les nations européennes, dirigées
par des vues ambitieuses, ont voulu occuper les
îles, elles ont conçu l'idée, pour faciliter leur système de colonisation, d'utiliser les malheureux
Africains, qui, prisonniers dans leurs guerres in-
testines et perpétuelles, sont toujours victimes de
la férocité des vainqueurs ; l'esclavage a été proclamé comme un besoin : on en a fait un droit ;
et la traite a été non-seulement autorisée, mais
même encouragée. « Allez, » a-t-on dit à des com-
pagnies que les dangers, les privations et les misères ne devaient pas arrêter... « allez dans ces
contrées inhabitées ; isolez-vous de vos affections,
du monde et des jouissances de l'Europe ; faites-
vous aider de nombreux esclaves que vous acquer-
rez, et sur lesquels, pour compensation à vos sa-
crifices, nous vous donnons un droit de propriété ;
détruisez les forêts ; affrontez ces climats brûlans

et malsains des tropiques, succombez, s'il le faut, mais cultivez pour nos jouissances européennes…» En effet, les victimes ont couvert ces pays d'exil; des populations entières ont succombé; les grandes difficultés ont été vaincues; enfin la société s'est organisée; des villes ont été fondées; et lorsqu'une population s'est forcément identifiée avec un sol malheureux, battu par les tempêtes, ébranlé par les volcans, soumis à toutes les vicissitudes du précaire, l'Europe, comme jalouse de quelques succès péniblement acquis, semble vouloir oublier des siècles de malheurs pour traiter les colonies en pays conquis et ennemis.

La France, au lieu de préparer des bouleversemens; d'exposer les colons à de nouvelles calamités, va faciliter leur prospérité, en ménageant tous les intérêts, et améliorer le sort de l'humanité par une intervention persuasive et non d'autorité; elle va laisser à ces Français éloignés le soin de se régir, et la gloire de se montrer dignes d'appartenir à la grande nation. Leurs pays ne seront plus des lieux de dégorgement. On n'y verra plus arriver des hommes au-dessous de ceux qu'ils sont chargés de diriger. Le colon éclairé, loyal et patriote, ne sera plus forcé de déserter la confiance et l'estime de ses concitoyens par les dégoûts et les injustices; il ne languira plus dans les rangs inférieurs, au profit des caprices de l'intrigue et du pouvoir..... vous les voyez, ces colons, dans vos rangs, dans vos assemblées, dans vos affaires, dans vos sociétés, ont-ils quelque dissemblance avec vous, métropolitains ? Ne viennent-ils pas dans vos écoles puiser à la même source des lumières, des principes de morale, qu'ils rapportent au sein de leurs familles ? En un mot, Français, tout autant que vous, ils partageront vos charges et vos avantages..... *attachement réciproque, avantages communs, inviolable fidélité, confiance mutuelle; tels sont nos vœux envers la mère-patrie.*

*Paris, ... septembre ... 182[illegible]*